AF264115

LETTRE

DE

MONSIEUR LE COMTE DE CHAMBORD,

ET DISCOURS

PRONONCÉ

PAR M. BERRYER

A l'Assemblée législative,

DANS LA SÉANCE DU 16 JANVIER 1851.

LETTRE

DE

MONSIEUR LE COMTE DE CHAMBORD.

Venise, le 23 janvier 1851.

« Mon cher Berryer, j'achève à peine de lire le *Moniteur* du 17 janvier, et je ne veux pas perdre un instant pour vous témoigner toute ma satisfaction, toute ma reconnaissance pour l'admirable discours que vous avez prononcé dans la séance du 16.

» Vous le savez, quoique j'aie la douleur de voir quelquefois mes pensées et mes intentions dénaturées et méconnues, l'intérêt de la France, qui pour moi passe avant tout, me condamne souvent à l'inaction et au silence, tant je crains de troubler son repos et d'ajouter aux difficultés et aux embarras de la situation actuelle ! Que je suis donc heureux que vous ayez si bien exprimé des sentiments qui sont les miens et qui s'accordent parfaitement avec le langage, avec la conduite que j'ai tenus dans tous les temps ! Vous vous en êtes souvenu ; c'est bien là cette politique de conciliation, d'union, de fusion, qui est la mienne, et que vous avez si éloquemment exposée ; politique qui met en oubli toutes les divisions, toutes les récriminations, toutes les oppositions passées, et veut, pour tout le monde, un avenir où tout honnête homme se sente, comme vous l'avez si bien dit, en pleine possession de sa dignité personnelle.

» Dépositaire du principe fondamental de la monarchie, je sais

1851

que cette monarchie ne répondrait pas à tous les besoins de la France, si elle n'était en harmonie avec son état social, ses mœurs, ses intérêts, et si la France n'en reconnaissait et n'en acceptait avec confiance la nécessité. Je respecte mon pays autant que je l'aime ; j'honore sa civilisation et sa gloire contemporaine autant que les traditions et les souvenirs de son histoire. Les maximes qu'il a fortement à cœur et que vous avez rappelées à la tribune, l'égalité devant la loi, la liberté de conscience, le libre accès pour tous les mérites à tous les emplois, à tous les honneurs, à tous les avantages sociaux, tous ces grands principes d'une société éclairée et chrétienne me sont chers et sacrés comme à vous, comme à tous les Français. Donner à ces principes toutes les garanties qui leur sont nécessaires par des institutions conformes aux vœux de la nation, et fonder, d'accord avec elle, un gouvernement régulier et stable, en le plaçant sur la base de l'hérédité monarchique et sous la garde des libertés publiques, à la fois fortement réglées et loyalement respectées, tel serait l'unique but de mon ambition. J'ose espérer qu'avec l'aide de tous les bons citoyens, de tous les membres de ma famille, je ne manquerais ni de courage, ni de persévérance pour accomplir cette œuvre de restauration nationale, seul moyen de rendre à la France ces longues perspectives de l'avenir, sans lesquelles le présent, même tranquille, demeure inquiet et frappé de stérilité.

» Après tant de vicissitudes et d'essais infructueux, la France, éclairée par sa propre expérience, saura, j'en ai la ferme confiance, reconnaître elle-même où sont ses meilleures destinées. Le jour où elle sera convaincue que le principe traditionnel et séculaire de l'hérédité monarchique est la plus sûre garantie de la stabilité de son gouvernement, du développement de ses libertés, elle trouvera en moi un Français dévoué, empressé de rallier autour de lui toutes les capacités, tous les talents, toutes les gloires, tous les hommes qui, par leurs services, ont mérité la reconnaissance du pays.

» Je vous renouvelle encore, mon cher Berryer, tous mes remerciments, et vous demande de continuer, toutes les fois que l'occasion vous en sera offerte, à prendre la parole, comme vous venez de le faire avec tant de bonheur et d'à-propos. Faisons connaître de plus en plus à la France nos pensées, nos vœux, nos loyales intentions, et attendons avec confiance ce que Dieu lui inspirera pour le salut de notre commun avenir.

» Comptez toujours, mon cher Berryer, sur ma sincère affection.

» HENRY. »

ASSEMBLÉE LÉGISLATIVE.

M. Flandin ayant pris la parole au commencement de cette séance, avait dit :

« La situation est étrange, la majorité qui, pendant quatorze mois, a soutenu le cabinet, je dirai même qui l'a poussé dans la voie d'une politique réactionnaire, au détriment de la Constitution et du principe républicain, l'attaque aujourd'hui à outrance et, dans sa passion et son emportement, dépasse la violence des plus vives agressions de l'opposition. Elle veut infliger au ministère l'affront d'un blâme, ou, en termes de style parlementaire, elle veut lui signifier son refus de concours...

» Oui, Messieurs, dans ce cri de *vive l'empereur*, dans ces banquets insolites, dans la destitution du général Neumayer, avec les circonstances qui sont données, oui, je serais disposé, moi aussi, à voir, dans ces faits, comme une tendance ou une aspiration impériale...

» Mais quand donc les chefs des deux partis monarchiques qui divisent l'Assemblée et la France, ont-ils montré, eux, plus de foi dans nos institutions? Quand donc sont-ils venus dire à la tribune, qu'ils ne considéraient pas comme transitoire et éphémère la forme du gouvernement? quand donc se sont-ils abstenus de semer, dans les rangs de la société, le doute de l'avenir?

» J'ai dit que j'avais regretté les démonstrations de Satory. Au sein de la commission, on a demandé à M. le ministre s'il avait eu connaissance de quelque complot légitimiste ou orléaniste : il a répondu que non; qu'on pouvait compter sur son énergie pour les faire poursuivre s'il en avait connaissance.

» Eh bien, Messieurs, si ces démonstrations n'ont pas été provoquées par des *complots*, par *des conspirations*, elles l'ont été par des démarches inconstitutionnelles, par des *manœuvres* et par des *intrigues*...

» L'honorable M. Pascal Duprat exprimait la pensée de tous, quand, dans son bureau, si je suis bien informé, il demandait à M. Thiers s'il avait fait le voyage de Claremont pour le salut de la République...

» Le même orateur, M. Pascal Duprat, demandait à M. Berryer si c'était également pour le bien et la prospérité de la République qu'il avait été à Wiesbaden.

» Quand on voyait ainsi les chefs de parti céder à ce que j'appelle des *illusions*, mais enfin à ce qu'ils appellent, eux, leurs espé-

rances et leurs vœux , je demande si la situation était bien nette,
bien franche de tous côtés, et ce que vous devez penser de cette es-
pèce de provocation qui était faite à l'Élysée...

» Ce sont les flétris et les flétrisseurs de la veille qui se réunis-
sent aujourd'hui pour tâcher de flétrir un cabinet ; mais ils se trom-
pent, la flétrissure ne peut exister qu'avec la justice et la sanction
du pays , et comme la justice n'est pas pour eux, que le pays n'est
pas pour eux, ils seront déçus de leurs espérances. »

M. Berryer est monté à la tribune et a répondu en ces termes :

DISCOURS

PRONONCÉ PAR M. BERRYER

A L'ASSEMBLÉE LÉGISLATIVE.

Messieurs, sans rentrer dans la discussion et dans le détail
des faits , que je crois maintenant suffisamment connus et suffisamment appréciés par chacun des membres de cette Assemblée,
mais sans négliger de répondre à des interpellations qui me sont
personnelles, d'expliquer devant vous, devant mon pays , toute la
conduite que j'ai tenue, sans illusion comme sans oubli de mes de-
voirs, je viens dire à l'Assemblée par quel ordre de graves motifs et
par quelles considérations générales sur l'ensemble de notre situation , je suis décidé à m'associer au vote le plus sévère contre le dernier acte du gouvernement. (Écoutez ! écoutez !)

Je ne veux pas discuter la question du droit constitutionnel. Cette
question n'est vraiment soulevée par personne. Et, d'ailleurs, bien
mieux que moi, M. le ministre des affaires étrangères pourrait dire
combien, sous la monarchie, l'exercice d'une prérogative incontestable, pour la simple révocation d'un chef de division, a soulevé
dans la chambre des députés... (Rires prolongés d'approbation sur
un grand nombre de bancs.)

Messieurs, je crains d'avoir à fournir une longue carrière ; je suis
fatigué, je puis être exposé à déplaire à beaucoup de membres de
cette Assemblée, peut-être même à quelques-uns de mes amis ; je
demande donc à l'Assemblée, dans ce sérieux et profond débat, de
m'interrompre le moins possible pour ne pas prolonger la trop grande
durée de mon discours. (Parlez ! parlez !)

Je disais qu'un autre que moi dirait mieux combien une simple
révocation de fonctions subalternes a causé, sous la monarchie, dans

la chambre des députés, a soulevé dans le pays, de sérieux débats et de vives animations politiques.

L'acte du gouvernement est condamnable selon moi, parce que, à moins de fermer les yeux, il est évident qu'il se lie à une suite de faits qui manifestent une tendance trop réelle à précipiter un changement politique que je redoute, que l'on doit redouter pour la paix intérieure comme pour la dignité du pays au dehors (Très bien!), qu'il faut redouter pour les souffrances publiques; car si cette tendance persévérait, si cette entreprise s'achevait, elle ouvrirait sur nous un déluge de maux, un déluge de misères incalculables. Mais surtout, et quant à présent, dans la résolution des ministres, je vois un acte grave et condamnable, parce que, malheureusement, il doit avoir pour effet de déchirer la majorité. (Mouvement.)

Messieurs, nous en avons déjà la preuve dans ce débat. Nous vivons, depuis trois ans, de l'esprit et des actes de la majorité. Si le Gouvernement a été sage, si le pays s'est pacifié, si la prospérité, je veux dire si l'activité de l'industrie, du travail, a commencé à renaître, ou le doit à l'union, à la force, à l'influence; je n'hésite pas à le dire, à l'ascendant de la majorité. (Très bien! très bien!) C'est donc un acte politique coupable que de se jeter avec témérité dans le péril de briser cette majorité tutélaire. Et la première conséquence du mal, c'est de nous amener à une discussion prématurée dans des circonstances et en présence de faits qui aigrissent les esprits, c'est de nous obliger à discuter, avant le temps, toutes les questions qui touchent à notre situation, aux partis, à la Constitution, à l'avenir. (Mouvement.)

Cependant, Messieurs, quand des imputations, quand des accusations sont ainsi soulevées, une telle discussion est inévitable, elle est nécessaire. Nous avons tous besoin d'être ici à côté les uns des autres; animés du respect de nous-mêmes et du respect les uns des autres, nous devons tous, tous être connus; et, puisqu'on nous appelle à parler de toutes choses, le moment est venu de tout dire; il faut que, devant le pays, notre juge à tous, toutes les intentions, toutes les convictions soient sincèrement examinées, sincèrement présentées, complètement connues! (Sensation.)

Laissons de côté un langage antipathique à notre vie toute publique; laissons de côté ces mots de conspiration, de complot, de conspirateur: c'est un mauvais langage, c'est un mauvais souvenir des plus mauvais jours. Ce qui se passe sous nos yeux, ce qui nous préoccupe tous, c'est l'activité, c'est la vie, c'est l'intelligence des partis, tels qu'ils existent, tels qu'ils doivent exister, tels qu'ils ont été faits par les évènements que nous avons traversés dans nos révolutions successives, la République, l'Empire, la Restauration, la royauté de Juillet. Ces partis, ils sont debout, ils sont en présence, et nous sommes à la veille du rendez-vous, à jour fixe, qui nous a été donné par la Constitution elle-même, pour la réviser, pour la modifier ou en totalité ou en partie. Est-ce dans une pareille situation que vous vous étonnerez des efforts de toutes les convictions honnêtes, de toutes les convictions inspirées par l'amour du pays, de toutes les convictions éclairées par l'expérience et par l'étude approfondie des besoins de la nation, que vous vous étonnerez de ce que vous appelez une agitation, une manifestation, un complot?

Non ! non ! il n'y a rien là, je le répète, qu'un des résultats de notre situation politique ; il n'y a rien là que le travail, l'agitation naturelle d'une société libre, mais encore dans un état, je n'hésite pas à prononcer le mot, précaire, transitoire. (Agitation à gauche.)

M. de Lamartine. — Je demande la parole ! (Sensation.)

M. Berryer. — Messieurs, ce dernier mot blesse...

M. Canet. — Profondément même.

M. Victor Lefranc. — Il éclaire.

Sur les bancs supérieurs de la gauche. — Non ! non ! il ne nous offusque pas.

M. Berryer. — Ce dernier mot blesse ; il a offusqué la Commission elle-même.

M. Lanjuinais, rapporteur. — Dans la bouche du Gouvernement !

M. Berryer. — Veuillez ne pas m'interrompre, je vous prie.

Ceci est tellement grave, que je demande la liberté de ma pensée pour ne rien vous cacher de ce que je dois et de ce que je veux dire.

Voix nombreuses. — Parlez ! parlez !

A gauche. — Et ne cachez rien !

M. Berryer. — Ecoutez-moi, je ne tairai rien. Qui veut avoir la liberté de parler, de scruter la conscience de ses concitoyens, doit avoir la dignité de tout écouter et de tout entendre avec calme. (Très bien ! très bien !)

Transitoire, oui ! le mot ne vous plaît pas, je le crois bien ! Mais il faudrait fermer les yeux à l'évidence, mais il faudrait vouloir chercher sa sécurité, chercher sa satisfaction dans les mots et non pas dans les choses, pour trouver quelque chose de définitif dans notre situation actuelle. Vous le reconnaissez, vous, assurément, qui proclamez tous les jours que l'État dont vous voulez, ce n'est pas la Constitution telle que vous l'avez, mais la *République sociale* ; et la nation entière, le 10 décembre, quand, par 6,500,000 voix, elle a élu celui qu'elle a élevé à la présidence, elle l'a fait sans crainte, elle l'a fait à l'aspect de tout ce qui avait précédé le jour de l'élection, elle l'a fait en se complaisant peut-être dans les souvenirs étroits qui lient invinciblement le nom de Bonaparte à la fin de la première République. (Mouvement.)

M. Pierre Bonaparte. — Le nom de Napoléon ! (Interruption prolongée.)

M. Berryer. — Et le Gouvernement lui-même, dans ce message qu'on a tant applaudi, dans ce message dont on a tant parlé, que dit-il? De quoi parle-t-il, si ce n'est de *l'instabilité des institutions* que renferme la Constitution; si ce n'est du besoin et du *droit de la réviser*; si ce n'est, je reprends les termes, du *changement des lois fondamentales*; si ce n'est enfin, c'est encore l'expression, de l'attente d'*une volonté nouvelle de la nation?*

Messieurs, ne disputons plus sur les mots; arrêtons-nous à la réalité des choses; nous sommes dans une situation précaire et transitoire. (Mouvement en sens divers.)

On a dit que cet état de choses est celui qui nous convient, parce qu'il nous divise le moins; oui, quand les partis sont debout; mais il faut dire pourquoi, il faut le dire avec douleur, c'est que, dans la vérité, cet état de choses, c'est l'absence ou plutôt la négation de tout gouvernement.

Un tel état de choses, il est évident, pour tout homme ami de son pays, qu'il ne peut pas se prolonger et qu'il ne se prolongera pas. (Quelques rires à gauche.) Cela est évident, c'est le plus grand de tous les périls; car, dans cette vie précaire, vous ne pouvez pas engager une discussion un peu sérieuse sur vos intérêts, sur votre situation, sur votre avenir, sans ébranler profondément tous les pouvoirs, toutes les autorités publiques de ce pays; et sans la force, sans le respect, sans la dignité, sans l'ascendant des institutions, il n'y a aucun ordre possible de société sur la terre.

J'ai entendu dire tout à l'heure que cette situation de la République, il la fallait imputer aux hommes monarchiques, aux royalistes, et qu'il y a dans cette Assemblée un nombre immense d'hommes monarchiques, de royalistes comme je le suis. (Marques d'étonnement et rumeurs prolongées à gauche. — Adhésion sur plusieurs bancs de la droite.)

Un membre à gauche. — On peut donc crier ici : « Vive le roi! »

M. Berryer. — Mais nous imputer cet état de choses, on n'en a pas le droit. Examinez notre conduite depuis trois ans. (Vive interruption à gauche.)

Voix diverses à l'extrême gauche. — Que fait donc M. le président?... Censurez donc, monsieur le président! (Réclamations à droite.)

M. Berryer, s'adressant à la gauche. — Allons! vous avez raison... Je donne raison aux interrupteurs.

M. Pelletier. — Parlez-nous de vos amis les Autrichiens! (Exclamations et murmures à droite.)

M. Baudin. — L'heure de la révision n'est pas encore venue! (Vive agitation et murmures sur les bancs supérieurs de la gauche.)

M. Berryer. — Je donne raison aux interrupteurs.

M. le président. — Laissez donc la liberté de parler; M. de Lamartine répondra.

M. Berryer. — Personne ici ne m'a jamais entendu, sur mon banc, faire une seule interruption à un orateur ; personne, jamais ! (Murmures à l'extrême gauche.)

M. le président. — Laissez donc le président faire son devoir. C'est vous seuls maintenant qui troublez l'ordre. Respectez la liberté de la tribune.

Voix à l'extrême gauche. — Comment ! on va nous censurer parce que d'autres crient : Vive le roi !

M. Léo de Laborde, s'adressant à l'extrême gauche. — Vous vous êtes déclarés socialistes à la tribune.

M. le président à M. Léo de Laborde. — Vous voulez donc faire le pendant ? (On rit.)

M. Berryer. — Je répète que l'on veut imputer aux hommes monarchiques cette situation de la Républiqne. J'ai mis trop de concision dans la forme, en parlant de mon royalisme, on ne peut s'y tromper, et, si vous le voulez, je dirai : Royaliste dans mes convictions, dans mes opinions, comme je l'ai été, comme j'ai dû l'être pendant cinquante-huit ans de ma vie. (Mouvement.)

Je disais : Examinez notre conduite depuis le premier jour. Et, d'abord, qu'il me soit permis de dire que je n'ai menti à personne, que je ne me suis pas menti à moi-même, lorsque j'ai sollicité dans le département des Bouches-du-Rhône l'honneur de faire partie de l'Assemblée constituante ; j'ai dit, j'ai écrit, j'ai imprimé ceci : « La révolution nouvelle ne fait pas de moi un homme nouveau ; je demeurerai sous la République, comme sous la monarchie, profondément attaché au pays et vigilant pour les intérêts vrais du pays. »

Mais assis ici dans les rangs de la majorité, quelle a été notre attitude ? Que n'avons-nous pas fait pour soutenir, dans l'intérêt de la société ébranlée, menacée, que n'avons-nous pas fait pour soutenir le Gouvernement tel qu'il était alors ? Quel concours pour appuyer toute tentative de maintenir l'ordre ! quel concours pour ramener les affaires dans une sphère de vérité, dans un ordre de raison et dans une activité de travail ! quel concours pour rétablir l'ordre dans les finances et empêcher des désastres à jamais regrettables ! Quel jour avons-nous manqué au pouvoir ? quel jour ne l'avons-nous pas secondé, toutes les fois qu'il a exprimé des intentions honnêtes ?

Est-ce notre faute à nous, hommes monarchiques, comme vous nous appelez, si la commission exécutive a disparu, a été emportée dans la tempête du mois de juin 1848, dans cette terrible et déplorable catastrophe ? Est-ce notre faute, à nous, est-ce la faute de la majorité, si, du sein même de la commission exécutive, on est venu nous proposer, nous demander de lui substituer un pouvoir nouveau ? Et ce pouvoir nouveau, quel appui lui a-t-on refusé ? quel secours ne lui a-t-on pas donné ?

M. Cavaignac. — Je demande la parole.

M. Berryer. — Quelle loi ne lui a-t-on pas accordée? que d'abandon, que de confiance pour ce nouveau pouvoir? Est-ce notre faute à nous quand toutes les forces lui étaient remises pour la préservation de la société, pour la consolidation même de la République dont il était et dont il est un des plus sincères défenseurs, est-ce notre faute, à nous, si, au bout de cinq mois... je ne veux pas ici offenser M. le président de la République, Dieu m'en garde ! j'ai pour lui une affection très vraie, et qui date de longues années; elle ne m'a pas déterminé à voter pour lui le 10 décembre, elle ne m'aveugle pas sur l'avenir qu'il se prépare ou sur l'avenir qu'il peut préparer au pays; mais cette affection me ferait rougir, cette affection me blesserait intérieurement, si je me laissais entraîner à lui adresser des paroles qui pourraient ressembler à un outrage ; je ne dis qu'un mot : ce n'est pas notre faute à nous si, au 10 décembre, le pouvoir nouveau ayant été soutenu, appuyé, pour qu'il donnât toute garantie à la société française et à la République, ce n'est pas notre faute si la nation, à une immense majorité, a remplacé par un nom, par un grand nom, embrassant ainsi une ombre d'hérédité, a remplacé, dis-je, une valeur personnelle très éclatante et tout-à-fait incontestable. (Très bien ! très bien !)

Et , je le demande à ces hommes qui ont traversé le pouvoir depuis 1848 , s'ils jettent leurs regards sur le passé, en se rendant compte de leur conduite , je ne dirai pas en se laissant aller à l'ambition , mais en envisageant la possibilité de revenir au maniement des affaires, croient-ils donc qu'ils retrouveront jamais dans une Assemblée un concours plus sincère, plus loyal , plus constant que celui qui leur a été donné par la majorité; ne sentent-ils pas , malgré eux , en pénétrant dans les entrailles du pays, en voyant ce qu'il y a au fond de cette vieille France qui ne date pas de trois ans, qui date de quatorze siècles, au fond des habitudes, des mœurs, des besoins de cette nation française, ne sentent-ils pas que , malgré eux, malgré la noblesse, la générosité de leur âme , ils seraient entraînés, malgré eux je le répète, dans un système de violence et peut-être bientôt de spoliation devenu nécessaire pour briser les obstacles? Oui, malgré eux, les plus honnêtes gens ouvriraient là porte au socialisme... (Sensations diverses.)

A gauche. — Ah ! voilà !

M. Berryer. — Je ne prononce pas ce mot pour entrer dans une discussion tant de fois agitée au sein de cette Assemblée.

Pour moi ; j'appelle *socialisme* cet assemblage de théories vulgaires, insensées, épuisées, qui se sont produites dans tous les siècles, chez tous les peuples, toutes les fois que les forces de la société ont été affaiblies, amoindries, impuissantes; j'appelle *socialisme* cet amas de mensonges qui fait appel aux plus détestables passions, qui menace tout, en attaquant et la propriété, et la religion et la famille, et, par une conséquence nécessaire, demande la transformation absolue, la ruine de la société.... (Rires ironiques à l'extrême gauche. — Vif assentiment sur les bancs de la majorité.)

A droite. — Vous pouvez rire, mais c'est bien cela.

M. Berryer. — Nous avons vu ce danger, nous le voyons encore; nous ne nous laissons pas endormir par un moment de calme, obtenu par de si pénibles efforts et de si généreux dévoûments ; nous ne songeons et nous n'avons songé qu'à une chose, à constituer, à consolider, à organiser la résistance, la résistance au nom de tous et dans le seul intérêt de la société... (Rires et murmures à gauche.)

A ces mots, je vous entends : « La résistance, c'est la pensée rétrograde, c'est la pensée routinière : nous voulons le progrès, nous demandons le progrès. » Eh bien ! laissez-moi vous dire ma pensée tout entière, sincèrement, telle qu'elle est arrêtée irrévocablement dans mon esprit, depuis que je vois les choses de ce monde et la vie politique.

Le progrès, pour une vieille société, agrandie, enrichie par le développement de tous les intérêts, par la rivalité de toutes les possessions et de toutes les aptitudes à posséder, dans une telle société, le progrès réel, le progrès unique, c'est la puissante union des libertés publiques et d'un pouvoir fort et incontesté. (Murmures approbatifs.)

Voilà le progrès des sociétés vieilles, il n'y en a pas d'autres ; tout le reste est mensonge, tout le reste est péril, tout le reste mène une société à la mort. (Sourdes rumeurs. — Silence! silence !)

Oui, telle a été notre conviction ; le gouvernement parlementaire, nous avons voulu le maintenir, nous voulons le défendre, et pour le présent, et pour l'avenir ; nous ne connaissons pas d'autres ressources au pays, et tous mes efforts, pour ma faible part, tous mes efforts ont été d'assurer l'union de ces éléments divisés de la société, de former un point d'appui, une armée de résistance, en rassemblant tout ce qu'il y a d'intelligences honnêtes, actives, dans ce pays, tout ce qu'il a d'hommes éclairés et expérimentés, tout ce qu'il y a d'hommes possesseurs d'intérêts légitimes, de les unir, oui... ; et si l'on veut, oubliant les divisions que les révolutions passées ont faites, si on veut surmonter les ressentiments, les préventions que ces révolutions ont pu jeter dans les cœurs, de cette hauteur, Messieurs, on voit trop clairement que dans notre patrie, si menacée et si malheureuse, il n'y a de divisions réelles qu'entre les hommes et non point entre les choses ; qu'il n'y a de divisions que dans des vues, des situations particulières, mais qu'il n'y en a point sur le fond des pensées, sur le fond des intentions, sur le fond des principes qui doivent dominer et protéger cette société. Oui, demander l'union, demander la fusion, pour dire le mot, de tous les partis que les évènements passés ont irrités les uns contre les autres, c'est vouloir restituer à la société les forces qui lui appartiennent, et qu'elle ne peut reconquérir que par notre accord le plus complet.

Oui, il n'y a pas ici de légitimiste ou d'orléaniste, ou de républicain modéré, il n'y en a pas un qui conteste maintenant et qui repousse un seul des grands principes fondamentaux d'un gouvernement représentatif et régulier; il n'y a personne parmi nous qui soit en désaccord sur aucun de ces principes : égalité devant la loi, liberté de conscience, séparation de l'ordre civil et de l'ordre religieux, égalité d'admissibilité à tous les emplois, à tous les avantages sociaux. Oui, nous les voulons tous, et c'est pour cela que nous devons nous unir pour réaliser les garanties pratiques, les garanties permanentes de ces droits, de ces libertés, de ces intérêts, dans un gouvernement constitutionnel et parlementaire. (Vive approbation à droite. — Très bien ! très bien !)

Les divisions! les divisions ont appauvri et affaibli la France, mais elles ne l'ont pas ruinée. Il y a encore des cœurs assez généreux pour se mettre au-dessus des préoccupations particulières, au-dessus des intérêts étroits des partis, pour n'envisager que l'intérêt général de la nation; pour n'envisager que l'intérêt du pays, sentir par où on se touche, par où on se comprend, par où on est uni d'intention, de volonté, de convictions, et constituer ainsi une armée vigoureuse qui résiste au nouvel envahissement des barbares sur l'Europe. (Acclamations chaleureuses sur les bancs de la majorité. — Bravos et applaudissements. — Exclamations ironiques et murmures à gauche.)

J'en conviens, les grands et terribles évènements de 1848 ont opéré déjà ce rapprochement en partie; mais je veux dire toute ma pensée: (Dites! dites!) ce rapprochement entre les partis, il a été fait plutôt en vue d'un péril imminent que par un sentiment de mutuelle confiance, que par un sentiment profond de la nécessité, c'est-à-dire de cette vérité que nous sommes, dans l'intérêt commun de la France, éminemment nécessaires les uns les autres. C'est cette nécessité qu'il faut faire sentir, qu'il faut démontrer; c'est ce besoin de mutuelle et entière confiance qui nous doit unir et qu'il faut fortifier de jour en jour.

Quelle politique, quelle conduite faut-il tenir? (Mouvement redoublé d'attention.)

Cette politique, la voici : cette politique, c'est qu'il faut resserrer les liens de la majorité par une résolution commune, par une résolution sincère de ne pas violenter la marche des évènements, par la volonté ferme, par la volonté loyale de ne pas prétendre ni dominer ni surprendre ce pays au nom d'un parti. (Très bien ! très bien !)

Ce qu'il faut pour renouer cette majorité qu'on déchire, c'est de fuir, c'est de détester, au nom du pays, toute politique de récrimination; ce qu'il faut, c'est de montrer à tout homme honnête qu'on veut marcher vers un avenir où il se sentira en possession de la plénitude de sa dignité personnelle. (Très bien ! très bien !)

Voilà la politique qu'il faut suivre sans conspirations, sans intrigues, sans tentatives apparentes ou cachées : c'est vers ce but qu'il faut marcher, et laisser la France juge de ses vrais intérêts, libre maîtresse de ses destinées. (Approbation à droite.)

Messieurs, cette politique est la mienne et celle de mes amis.

Voix nombreuses à droite. — C'est vrai ! c'est vrai ! — Bravo !

M. Berryer. — Cette politique, j'ai épuisé tous mes efforts, mais Dieu me donnera des forces, afin de l'inspirer à tous ceux qui sont ou qui furent mes amis, à tous ceux qui sont encore ou qui ont été mes adversaires.

Vous me parlez de conspirations, vous me parlez de complots, eh ! vraiment, je n'en ai pas fait d'autres ! Mon travail, dans le but de constituer ainsi la majorité, de la consolider, de former, je le répète, cette armée de la résistance ; mon travail, dans ce but, est patent, il est public. Vous parlez de voyages à Wiesbaden, de voyages à Claremont, de conspirations ! Oui, pendant que des membres illustres de cette Assemblée allaient au lit de mort du vieux monarque qu'ils ont servi ; pendant qu'ils allaient partager ou les anxiétés ou les douleurs de jeunes princes qu'ils ont aimés, et qui ont eu cet avantage que nos soldats les ont connus à Saint-Jean-d'Ulloa, à Mogador, à Constantine..... (Acclamations sur plusieurs bancs.)

Une voix à l'extrême gauche. — Et à Waterloo ! (Hilarité générale. — Longue interruption.)

Un membre à droite. — C'est une infamie !

Un autre membre. — Dites plutôt une absurdité !

M. Berryer. — ..... Pendant qu'ils cédaient aux inspirations d'un souvenir reconnaissant, auquel je ne reproche pas à plusieurs de MM. les ministres d'avoir obéi eux-mêmes... (Ah ! ah ! — On rit. — Très bien !) moi, Messieurs, laissez-moi toute ma liberté et toute ma franchise ; moi, Messieurs, pendant ce temps, j'allais, avec un grand nombre de mes amis, voir un autre exilé qui est étranger à tous les évènements accomplis dans ce pays, qui n'a jamais démérité de la patrie, qui est exilé parce qu'il porte en lui le principe qui, pendant une longue suite de siècles, a réglé en France la transmission de la souveraineté publique ; qui est exilé parce que tout établissement d'un nouveau gouvernement en France est nécessairement contre lui une loi de proscription ; qui est exilé, enfin, laissez-moi le dire, parce qu'il ne peut pas poser le pied sur le sol de cette France, que les rois ses aïeux ont conquise, agrandie, constituée, sans être le premier des Français, le roi ! (Vive approbation à droite. — Exclamations, murmures à gauche.)

Mais ne croyez pas que je veuille dire qu'en me rendant à Wiesbaden, j'aie seulement obéi à un sentiment d'attachement, de respect ou de sympathie; non ! non ! J'ai fait autre chose ; j'ai fait plus : j'ai fait un acte politique dont je veux rendre compte. (Marques d'attention.)

Oui, je suis allé... Écoutez-moi jusqu'au bout, la très bonne foi est une grande puissance dans notre pays. (C'est vrai !) Le respect de la bonne foi est une grande élévation du caractère national. (Très bien ! très bien !) Les réticences, les malentendus, Messieurs, font les défiances, les préventions, les haines, c'est-à-dire sont la source de tous les maux publics. Écoutez-moi donc ! (Nouvelle approbation !)

Oui, je suis allé faire à Wiesbaden un acte politique. Oui, avec mes amis, j'ai porté à Wiesbaden cette politique à laquelle je vous ai dit que j'avais dévoué ces trois dernières années, et que je n'abandonnerai pas tant qu'il me restera un souffle de vie ; cette politique d'union de tout ce qui est honnête, de tout ce qui est respectable dans mon pays, avec un entier oubli de tous les dissentiments, de toutes les luttes, de toutes les divisions passées. (Nombreuses marques d'assentiment à droite.) Oui ! au nom de la société française, j'ai été y porter cette politique ; mais ma besogne était faite ; l'œuvre était accomplie d'avance ; j'ai trouvé dans le cœur du prince tous ces sentiments, tous ces principes, toutes ces pensées, toutes ces convictions. (Agitation et rumeurs à gauche.)

M. Aubry (du Nord). — Il n'y a pas de prince ici ! Dites : M. de Chambord !

M. Berryer. — Il n'est plus sous vos lois, vous l'avez exilé, je l'appelle par son nom !

À droite. — Très bien !

M. Berryer. — Oui ! il a dans le cœur, il a dans la tête cette même détestation des complots, des conspirations, des guerres civiles.

Ne parlez pas de trames secrètes : lui et ses amis ont besoin de respirer à l'air libre, au grand air, à découvert. (Approbation à droite.) Ne parlez pas de conspiration ; non, non, il n'y a pas de tentatives de restauration subreptice.

Croyez-vous donc, Messieurs, que celui qui n'a connu que les douleurs des demeures royales, soit si impatient d'y rentrer, au risque d'appeler sur le pays des malheurs et des désastres qui le feraient maudire ? (Rumeurs et rires ironiques à gauche.)

À droite. — Attendez le silence ! — Très bien ! très bien !

M. Berryer. — Et croyez-vous qu'il soit un ami dévoué qui puisse lui conseiller ce jeu terrible et coupable ? Non ! je le répète encore une fois, non ! Je l'atteste sur l'honneur que j'ai dans mes veines, non ! Il n'y eut autre chose à Wiesbaden que cette pensée, que cette déclaration, qu'il fallait unir dans l'oubli de toutes les révolutions, de toutes les dissensions passées, les bons vouloirs et les intelligences honnêtes de ce pays ; qu'il fallait déraciner de tous les cœurs les ressentiments, les haines, les préventions que les malheurs passés y ont fait germer. Voilà le compte-rendu complet, vrai, de notre voyage à Wiesbaden ; tout autre compte-rendu est altéré ou complètement dénaturé. (Vive adhésion sur une grande partie des bancs de la droite. — Quelques applaudissements s'y font entendre. — Des rumeurs et des interpellations confuses éclatent sur les bancs supérieurs de la gauche.)

Plusieurs membres. — Et la circulaire ! Et le ministère !

Plusieurs voix à droite. — Ne répondez pas !

M. le Président s'adressant à l'extrême gauche. — N'interrompez pas ! Choisissez un orateur qui répondra ! (On rit.)

M. Berryer. — Si ! il faut répondre ; je ne veux point que d'un coin de cette Assemblée, que d'une partie quelconque de cette Assemblée, que de la bouche d'hommes à côté desquels je siége, il sorte d'interpellations puériles et ridicules. Je viens de vous faire ma révélation : dans toutes nos conversations, dans tout notre langage, il y a eu l'abandon de toutes prétentions, le sacrifice de tout intérêt de parti, pour ne songer qu'à l'union, à la fusion, qui seule peut protéger la société française (rumeurs à gauche), et on vient vous présenter l'idée que des hommes qui ont rejeté le pouvoir à eux offert dans des temps plus stables, auraient été solliciter je ne sais quel pouvoir ridicule, insignifiant et vain ! (Mouvement à gauche.) Ah ! vraiment, vous n'honorez pas suffisamment, vous ne respectez pas suffisamment des hommes auxquels vous accordez cependant quelque peu d'intelligence et quelque peu de bon sens !

Je ne répondrai pas à cette supposition d'un ministère créé, je ne répondrai pas à ce qu'on dit de manifestes, de circulaires. J'en ai dit assez en faisant un compte-rendu vrai. Voulez-vous que j'ajoute un mot ? Eh bien ! je vous dirai tout.

Si vous avez lu, avec intelligence, le document dont vous me parlez, vous devez être bien convaincus que ce n'est pas à moi qu'il faut en demander compte. Ce document, vous lui avez accordé, on a voulu lui attribuer une importance à laquelle il n'avait aucun droit ; et, pour tout dire en un mot, si M. le comte de Chambord avait cru qu'il fût utile, qu'il fût temps de dire à la France ses sentiments, ses convictions, ses inspirations, il n'aurait emprunté ni le nom, ni la pensée, ni le langage de personne. (Vive approbation sur plusieurs bancs de la droite. — Nouveaux rires à l'extrême gauche.)

Je résume donc cet examen de notre situation, et ce que je viens de dire sur les complots et sur les voyages : il n'y a au fond de tout cela, je le répète, que la vie, l'action libre et patente des partis, des partis à la veille du jour fixé pour la révision et la modification totale ou partielle de la Constitution ; il n'y a pas autre chose dans les efforts de ces hommes que vous appelez monarchiques, il n'y a pas autre chose que la résolution de former, de maintenir dans son entier une majorité liée par la communauté de principes politiques, dans l'intérêt de la véritable liberté. (Rires à gauche.) Oui, j'ai pu vous parler avec précision, en évitant toute équivoque, j'ai pu vous parler avec liberté, pourquoi ? C'est parce que la majorité, sous la République, a su comprimer les excès, les violences ; la tribune serait muette sans nous. (Rumeurs et rires à gauche. — Approbation à droite.)

Maintenant, MM. les ministres n'ont-ils pas commis la témérité coupable d'exposer cette majorité à un déchirement. (Mouvement.)

Je crois à leur bonne foi quand ils me protestent de leurs efforts pour la reconquérir et la rallier : je crois à leur bonne foi ; mais ils n'ont pas plus de bonne foi, ils n'ont pas plus de droiture, ils n'ont pas plus de sympathies dans cette Assemblée, que le ministère qui a précédé le 31 octobre ; mais ce ministère, avec sa bonne foi, avec sa droiture, avec son talent, avec ses sympathies dans l'Assemblée, a été renversé par une prétention d'omnipotence personnelle. (Mouvements en sens divers.)

Et je dis à l'Assemblée : Arrêtez-vous au premier pas ; si la majorité qui sauva la société française est brisée ; si elle est scindée, comme je le vois en contemplant l'agitation et les votes divers au sein de la Commission, et les frémissements qui ont régné sur ces bancs depuis deux jours ; si elle est brisée, si la nation cesse de voir en elle son plus ferme appui et sa plus certaine ressource, je déplore l'avenir qui est réservé à mon pays ; je ne sais pas quels seront vos successeurs, je ne sais pas si vous aurez des successeurs ; ces murs resteront peut-être debout, mais ils seront habités par des législateurs muets. (Vive agitation. — Très bien ! très bien ! — Réclamation au banc des ministres.)

M. Vieillard. — Vous n'avez pas le droit de dire cela.

M. le Ministre de l'intérieur. — N'ayez pas peur.

M. Berryer. — Encore une fois, je n'accuse, écoutez-moi bien, je n'accuse les intentions, les projets de personne dans cette enceinte. (Exclamations. — Rires sur plusieurs bancs.) Non, je ne vois qu'une chose, c'est la marche, c'est la puissance, c'est la domination des évènements, si la digue de la résistance ne reste pas debout. C'est là que j'entrevois, et je dis que si la majorité de cette Assemblée est brisée, nous aurons à subir en France ou le mutisme qui nous sera imposé par une démagogie violente, ou le mutisme qu'un absolutisme absurde tentera de faire peser sur le pays.

A droite. — Très bien ! très bien !

(L'honorable orateur, en descendant de la tribune, reçoit les félicitations de ses amis.)

La séance reste suspendue pendant un quart d'heure ; il règne dans l'Assemblée une grande agitation.)

Paris. — Imprimerie H. Simon Dautreville et Cᵉ, rue Neuve-des-Bons-Enfants, 3.

www.ingramcontent.com/pod-product-compliance
Lightning Source LLC
Chambersburg PA
CBHW050746070726
47597CB00009B/4086